La Dama de las Siguanas

Por Jennifer Keats Curtis
y Dra. Nicole F. Angeli

Ilustrado por
Veronica V. Jones

A la Dra. Nicole F. Angeli se le permite tocar a la siguana de St. Croix en peligro de extinción porque fue aprobada su solicitud de estudiar los animales protegidos bajo la Ley de Especies en Peligro de Extinción (TE25057B-0). ¡Para cualquier persona tocar o acosar a una siguana de St. Croix, o a cualquier especie en peligro de extinción, se llama "toma de la especie" y ¡es ilegal!

Otras personas que trabajan para salvar a la siguana de St. Croix trabajan para Servicios y Refugios Ecológicos del Caribe del U.S. Fish and Wildlife Service, Texas A&M University, Departamento de Planificación y Recursos Naturales de las Islas Vírgenes y el Servicio Nacional de Parques de Estados Unidos. ¡La conservación biológica es en gran parte un trabajo de equipo!

¡Silencio!

¿Escuchaste eso?

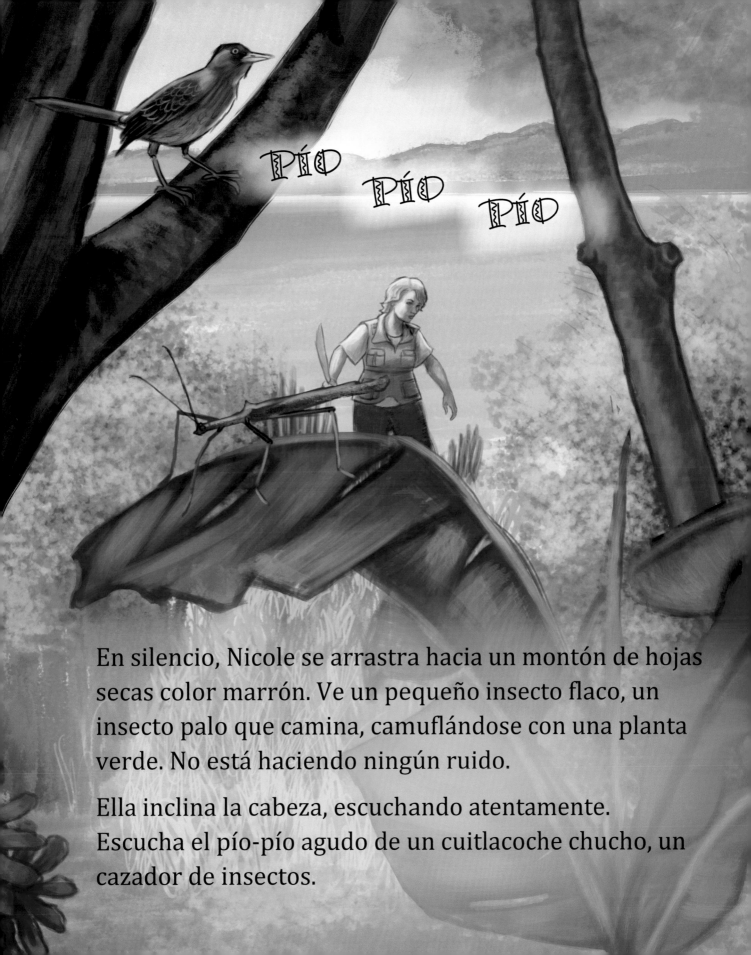

PÍO PÍO PÍO

En silencio, Nicole se arrastra hacia un montón de hojas secas color marrón. Ve un pequeño insecto flaco, un insecto palo que camina, camuflándose con una planta verde. No está haciendo ningún ruido.

Ella inclina la cabeza, escuchando atentamente. Escucha el pío-pío agudo de un cuitlacoche chucho, un cazador de insectos.

Nicole se quita las espinas de los pantalones. Se limpia el sudor de la cara. Es hora de apartarse del sol que la ciega. Con un suspiro, se sienta a la sombra de un cactus y toma agua.

CRAG CRAG CRAG

De repente, Nicole escucha un ruido. Camina de puntillas hacia otro montón de hojas... y espía a grandes cangrejos de tierra. Sonriendo, usa un palo para asustar a las criaturas de cuerpo rojo. Ellos huyen caminando de lado hasta meterse en sus casas subterráneas.

Nicole no está buscando insectos ni cangrejos.
Está buscando un animal en peligro de extinción,
la siguana de St. Croix.

Nicole es una científica que estudia esas siguanas. La gente de las islas la llama la Dama de las Siguanas.

La Dama de las Siguanas busca a las siguanas de St. Croix en cuatro pequeñas islas alrededor de St. Croix en las Islas Vírgenes.

¿Por qué no se encuentran en la isla de St. Croix?

En el año de 1880, los granjeros de la isla de St. Croix trajeron mangostas a la isla. Pensaron que las mangostas se comerían a las ratas que se estaban comiendo las cosechas de caña de azúcar.

Las mangostas no se comieron a todas las ratas. Las ratas se treparon a los árboles para escapar. Las mangostas no pueden trepar muy bien así que, en su lugar, se comieron los huevos de las tortugas. Y las aves. Y a casi todas las siguanas de St. Croix que había en la isla.

Las siguanas nunca podrán vivir en la isla de St. Croix a menos que retiren a todas las mangostas. Afortunadamente, las siguanas han sobrevivido en dos pequeñas islas: Protestant Cay y Green Cay.

Para salvar a esos reptiles de la extinción, los científicos planearon llevar a las siguanas de St. Croix desde los dos cayos hasta dos nuevos hogares en las cercanas Ruth Island y Buck Island. ¿Su idea funcionó?

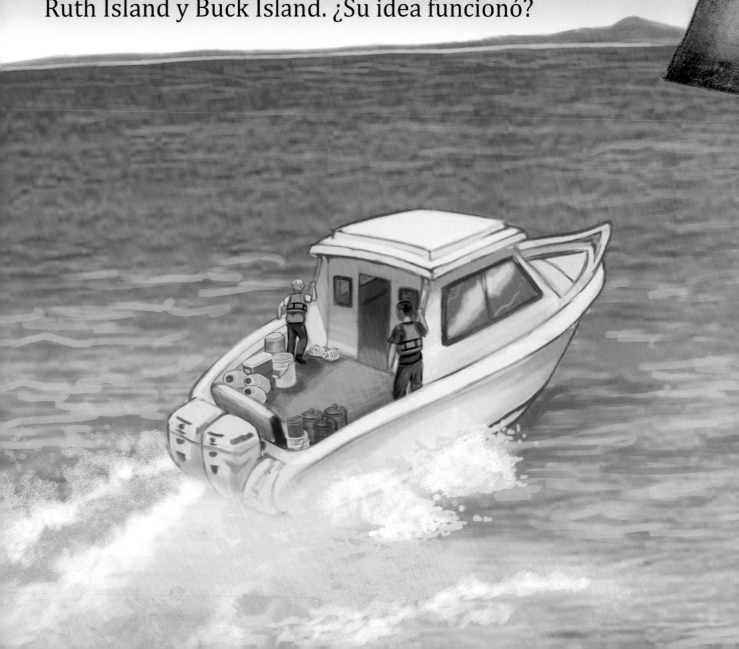

La Dama de las Siguanas ha venido
hoy a Buck Island para averiguarlo.

Ya que las siguanas utilizan la luz solar para calentarse, Nicole investiga durante las horas más calurosas y brillantes del día. Por la noche, cuando llueve o cuando está nublado, las siguanas se mantienen calientes y secas escondidas en las madrigueras subterráneas.

Nicole va de excursión con sus botas pesadas. Ella lleva:
- una libreta y lápices
- un machete (para cortar las enredaderas)
- una unidad de GPS
- cinta para marcar (en caso de que la unidad de GPS no funcione)
- un teléfono celular
- un silbato (en caso de que su celular no funcione)
- una nevera pequeña y vacía (para guardar a las siguanas)
- un galón de agua

La Dama de las Siguanas camina por los picos rocosos, dentro del denso bosque del Caribe y a través de las playas arenosas. Utiliza el machete para abrirse camino entre las gruesas plantas, la espesa maleza y, en algunas ocasiones, telarañas gigantescas.

Las siguanas son muy difíciles de ver, pero Nicole es una rastreadora experta. Algunas veces, las escucha antes de verlas.

¡Silencio! ¿Escuchaste eso?

CRAG

CRAG

CRAG

Una siguana hambrienta acecha a presas pequeñas en las hojas: cucarachas, grillos, polillas, termitas, hormigas y pequeños cangrejos hermitaños.

¡Ahí! Nicole ve los dos pequeños ojos de una atenta siguana que la están mirando. Utilizando un palo largo con un lazo anudado al final, Nicole lo coloca lentamente alrededor de la cabeza. Mientras el nudo se aprieta, el reptil se retuerce tratando de escapar. Rápidamente, antes de que escape, Nicole lo agarra por el estómago y las patas.

¡Este tiene mucha energía! Las siguanas de St. Croix tienen dientes filosos y dentados; pero son pequeñas así que a ella no le importa recibir unos cuantos mordiscos en los dedos.

Nicole coloca a la siguana cuidadosamente dentro de la nevera antes de registrar en su GPS las coordenadas y amarra una cinta para marcar la rama. Empaca sus cosas y se dirige a su cabaña cerca de la playa. Ahí tiene una regla, una pesa y su libreta. Ella mide y pesa a la siguana.

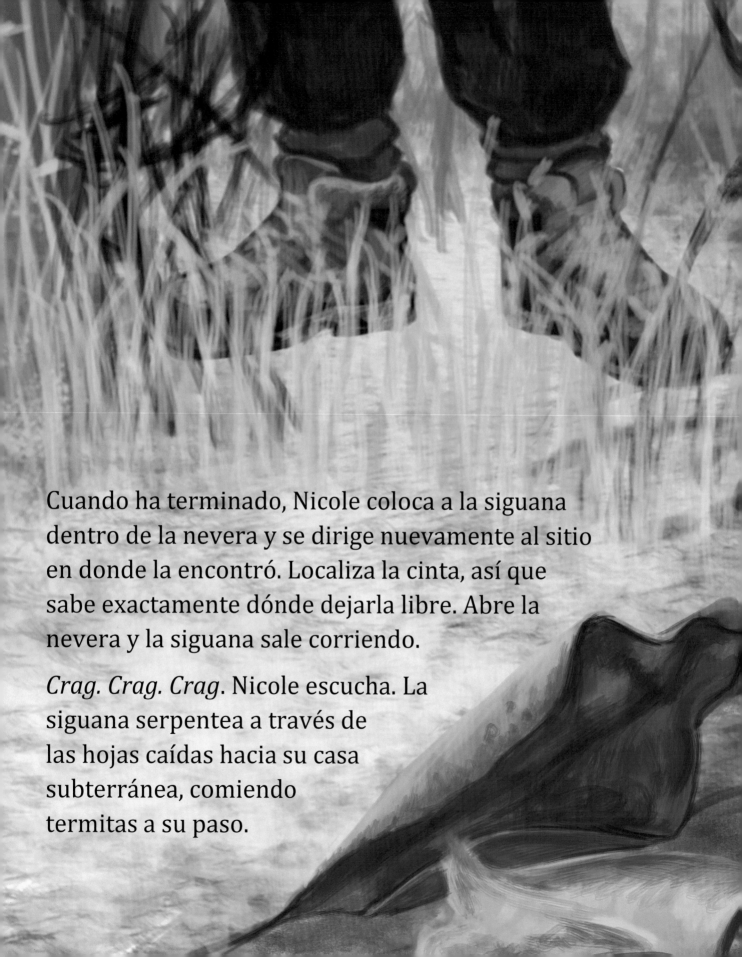

Cuando ha terminado, Nicole coloca a la siguana dentro de la nevera y se dirige nuevamente al sitio en donde la encontró. Localiza la cinta, así que sabe exactamente dónde dejarla libre. Abre la nevera y la siguana sale corriendo.

Crag. Crag. Crag. Nicole escucha. La siguana serpentea a través de las hojas caídas hacia su casa subterránea, comiendo termitas a su paso.

¡La idea de trasladar a las siguanas está funcionando! Pero el trabajo no está terminado. La Dama de las Siguanas pertenece a un grupo de científicos que las monitorean cada año.

Esas siguanas viven en islas pequeñas donde no hay mangostas. Un día, si a las mangostas las sacan de la isla de St. Croix, las siguanas podrán regresar a su isla nativa. Pero no será hoy. Hoy es hora de que la Dama de las Siguanas regrese a casa.

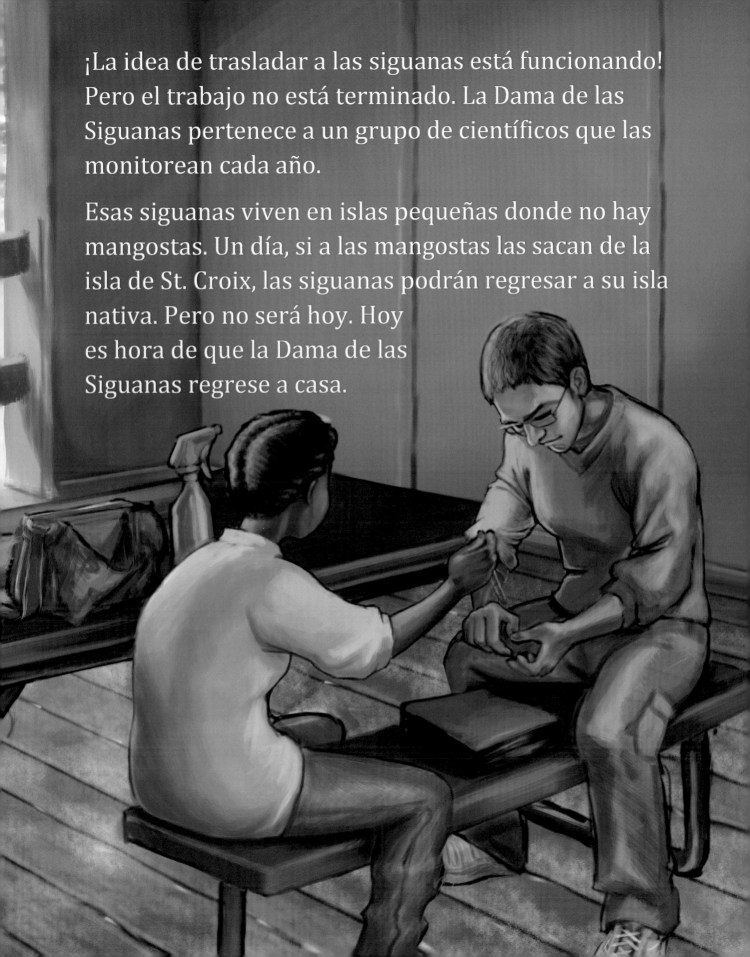

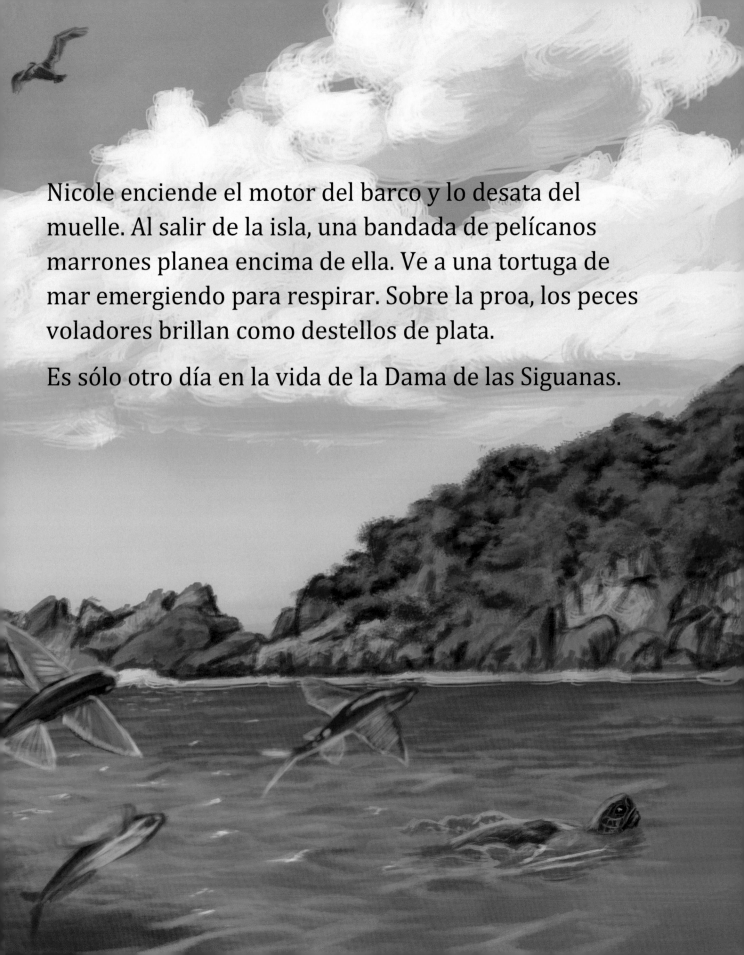

Nicole enciende el motor del barco y lo desata del muelle. Al salir de la isla, una bandada de pelícanos marrones planea encima de ella. Ve a una tortuga de mar emergiendo para respirar. Sobre la proa, los peces voladores brillan como destellos de plata.

Es sólo otro día en la vida de la Dama de las Siguanas.

Para las mentes creativas

St. Croix y las islas que la rodean

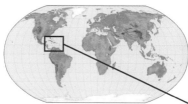

El Caribe es un mar entre Norteamérica y Sudamérica. La isla de St. Croix es una más de las 7,000 islas en el mar Caribe.

Hay 28 países insulares en el Caribe. Pero St. Croix no es un país independiente. Es parte de las Islas Vírgenes de los Estados Unidos, un territorio de los Estados Unidos. Puerto Rico es también un territorio estadounidense.

Preguntas sobre el mapa

1. La República Dominicana se encuentra en la misma isla donde está ¿qué otro país?

2. ¿Qué océano se encuentra al este del mar Caribe?

3. ¿Qué país se encuentra justo al sur de Florida?

4. ¿Qué isla o cayo se encuentra al sur de St. Croix?

5. ¿Dónde se encuentra Buck Island en relación a St. Croix?

Las siguanas de St. Croix

Las siguanas de St. Croix son nativas de esa isla. De hecho, esas siguanas son endémicas de la isla de St. Croix. Eso quiere decir que no se encuentran naturalmente en ningún otro lugar del mundo.

Las siguanas de St. Croix viven actualmente en cuatro islas: Protestant Cay, Green Cay, Ruth Island y Buck Island. Mucho tiempo atrás Protestant Cay y Green Cay eran parte de la isla de St. Croix. Esos dos cayos son parte del hábitat natural de las siguanas. Las siguanas viven en las islas Ruth y Buck simplemente porque la gente las ha llevado ahí. A esto se le llama traslocación de conservación.

Las siguanas se encuentran en peligro de extinción. Si no las ayudamos, podrían extinguirse.

Adaptaciones

Las adaptaciones son los cambios que les permiten a algunos animales sobrevivir mejor que otros en su medio ambiente. Las adaptaciones físicas afectan los cuerpos de los animales. Los padres pasan esas adaptaciones a sus crías. Las crías crecen y pasan sus adaptaciones a sus propias crías. Las adaptaciones de comportamiento afectan el modo en que los animales se comportan.

Como muchos otros animales, las siguanas de St. Croix utilizan adaptaciones físicas y de comportamiento para buscar comida y evitar a los depredadores. Distribuye las siguientes características en físicas o de comportamiento.

1. Las siguanas de St. Croix tienen unas rayas café claras, café oscuras y blancas en la espalda. Este patrón las ayuda a esconderse entre las hojas.

2. Las siguanas de St. Croix se meten rápidamente adentro de sus madrigueras subterráneas para esconderse de los depredadores.

3. Las siguanas de St. Croix tienen lenguas bifurcadas para poder oler las cosas que las rodean.

4. Las siguanas de St. Croix huelen la tierra para encontrar la comida u otro tipo de lagartijas.

físicas: 1 y 3. de comportamiento: 2 y 4.

Dra. Nicole F. Angeli, herpetóloga

¡Cuando era niña, quería ser una exploradora! Me encantaba descubrir todo lo que viniera de la naturaleza. Nunca quería estar adentro. Hurgaba para encontrar insectos, animales, moras y palos para tallarlos. Siempre supe que me convertiría en una científica pero ¿de qué tipo? En la escuela aprendí que no quería estar en un laboratorio. Quería estar afuera. Convertirme en una herpetóloga (una científica que estudia a los reptiles y los anfibios) me permitiría pasar la mayor parte del tiempo afuera, en la naturaleza. Mi pasión es conservar a los animales. Me gusta mucho aprender por qué algunas especies sobreviven mientras otras se extinguen y descubrir modos de salvar a animales en peligro de extinción, como las siguanas de St. Croix.

Incluso los fines de semana, soy una herpetóloga. Cualquiera lo puede ser. ¡Todo lo que necesitas es interés en los reptiles y anfibios y una libreta! Abre tu libreta y haz columnas para la fecha, el clima, el lugar, la especie, la fotografía y notas en la parte derecha de la hoja. Mantén la hoja de la izquierda para tus notas. En cada página, escribe la fecha y la ubicación en la parte superior. Luego, escribe acerca de los anfibios y los reptiles que veas.

—Dra. Nicole F. Angeli

Si te gusta trabajar en grupo, ve a un club cercano para que puedas detectar, identificar y tratar de una manera segura a los animales con escamas y resbalosos. En la Sociedad para el Estudio de Anfibios y Reptiles (Society for the Study of Amphibians and Reptiles - www.ssarherps.org) llevan una lista actualizada de las sociedades herpetológicas locales. Contáctalas para aprender más.

Para la plantilla completa de un cuaderno de notas, mira la Guía de Actividades de Enseñanza disponible en www.ArbordalePublishing.com

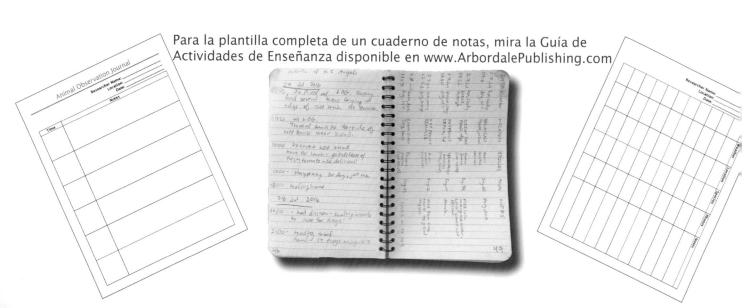

Especies invasivas

A finales del siglo XVIII, los granjeros de St. Croix trajeron mangostas de la India para erradicar a las ratas en la isla. Esos pequeños mamíferos peludos son muy lindos, pero se encuentran entre las diez especies invasivas más dañinas del mundo. Las especies invasivas no son animales nativos y causan problemas a los animales nativos o al medio ambiente.

Las mangostas son depredadores y son destructivas. Se han comido a muchas siguanas de St. Croix por lo que estamos en peligro de perder a esta especie para siempre. Las mangostas también se han comido los huevos de muchos otros animales, como las tortugas y las aves marinas.

Hoy por hoy, las mangostas viven en el 99% de la tierra del Caribe. Generalmente, se encuentran en las islas más grandes. Podemos conservar a los animales nativos ayudándolos a mudarse a islas pequeñas que no tengan mangostas.

Las especies invasivas a veces

- cazan a especies nativas
- se reproducen rápidamente
- se extienden hasta cubrir un territorio más amplio
- pueden vivir en muchos tipos diferentes de hábitats
- a menudo son introducidas a un área por humanos

La Dra. Angeli y su grupo han encontrado varias maneras de salvar a las siguanas de St. Croix de la extinción. Tienen que ser creativos para encontrar métodos de conservación que no cuesten mucho dinero. Ellos encuentran o crean áreas donde no viven mangostas o donde las separan de las siguanas por medio de una cerca. En el futuro, la Dra. Angeli espera devolver a las siguanas de St. Croix a su isla nativa.

Con agradecimiento al Dr. Robert Powell, Profesor de Biología en la Universidad de Avila, por verificar la información en este libro.

Library of Congress Cataloging-in-Publication Data

Names: Curtis, Jennifer Keats, author. | Angeli, Nicole F., author. | Jones, Veronica, illustrator. | Toth, Rosalyna, translator. | Kaiser, Federico, translator.
Title: La Dama de las Siguanas / por Jennifer Keats Curtis y Dra. Nicole F. Angeli ; ilustrado por Veronica V. Jones ; traducido por Rosalyna Toth en colaboración con Federico Kaiser.
Other titles: Lizard lady. Spanish
Description: Mount Pleasant, [South Carolina] : Arbordale Publishing, [2018] | Includes bibliographical references. | Audience: Ages 4-8. | Audience: K to grade 3.
Identifiers: LCCN 2017053829| ISBN 9781607183112 (spanish pbk.) | ISBN 9781607180661 (english hardcover) | ISBN 9781607180913 (english pbk.) | ISBN 9781607183174 (english interactive dual-language ebook)
Subjects: LCSH: Herpetologists--Juvenile literature. | Women scientists--United States Virgin Islands--Juvenile literature. | Ameiva--Conservation--Juvenile literature. | Rare reptiles--Conservation--United States Virgin Islands--Saint Croix--Juvenile literature. | Saint Croix (United States Virgin Islands)--Juvenile literature.
Classification: LCC QL31.A5845 C8718 2018 | DDC 333.95/72097297/22--dc23
LC record available at https://lccn.loc.gov/2017053829

Título original en inglés: *The Lizard Lady*
Traducido por Rosalyna Toth en colaboración
con Federico Kaiser e Eida Del Risco.

Bibliografía:
Angeli, N. F. Ameiva polops (Saint Croix Ameiva). 2013. Conservation. Caribbean Herpetology 45 (1).
Angeli, N. F., K. Auer, N. Schwartz, Z. Westfall, C. Pollock, I. Lundgren, and Z. Hillis-Starr. 2013. Ameiva polops (St. Croix Ground Lizard) Behavior. Herpetological Review 44 (3): 504.
Fitzgerald, L., Treglia, M., Angeli, N., Hibbitts, T., Leavitt, D., Subalusky, A., Lundgren, L., and Hillis-Starr, Z. 2015. Determinants of successful establishment and post-translocation dispersal of a new population of the critically endangered St. Croix ground lizard (Ameiva polops). Restoration Ecology. 23(5): 776-786.

Elaborado en los EE.UU.
Este producto se ajusta al CPSIA 2008

Arbordale Publishing
Mt. Pleasant, SC 29464
www.ArbordalePublishing.com